EMERSON DA ROSA RODRIGUES
VITOR GONÇALVES DIAS

MANUAL PARA ELABORAÇÃO DE MONOGRAFIAS

Editora Santa Cruz

Pelotas, RS – 2019

Cópias Santa Cruz Ltda
R Félix da Cunha, 412
Campus I UCPel Pelotas, RS CEP 96010-000
Fone: (53) 32225760
E-mail: copiassantacruz@gmail.com

Impresso no Brasil
Edição: 2019
Tiragem: 10 exemplares

Editoração: Camila Schiavon
Foto de capa: Jaqueline Viza Siqueira Behling
Copyright © 2019 Emerson da Rosa Rodrigues, Vitor Gonçalves Dias
Av. Ildefonso Simões Lopes, 2791
CEP 96060-290 - Pelotas - RS - Brasil
Fone: (53) 3309-5550, biblioteca@cavg.ifsul.edu.br
cavg.ifsul.edu.br/biblioteca

CONSELHO EDITORIAL

Dados Internacionais de Catalogação na Publicação (CIP)

R696m   Rodrigues, Emerson da Rosa
        Manual para elaboração de monografias / Emerson da Rosa
Rodrigues, Vitor Gonçalves Dias. – Pelotas: Ed. Santa Cruz,
2019.
        62 p. : il.

        ISBN: 978-85-479-0096-0

        1. Trabalho de conclusão de curso – normas. 2. Normalização –
ABNT. I. Título. II. Dias, Vitor Gonçalves.

        CDU: 001.8

Catalogação na fonte elaborada pelo Bibliotecário

Emerson da Rosa Rodrigues CRB 10/2100

SUMÁRIO

1 INTRODUÇÃO

Este manual tem por finalidade subsidiar os docentes e discentes na elaboração de Trabalhos Acadêmicos, facilitando a tarefa de formatação dos mesmos. Cabe ressaltar que, a utilização deste manual não é obrigatória, servindo apenas como um material de consulta e orientação.

Este trabalho foi elaborado pelos Bibliotecários Emerson Rodrigues[1] e Vitor Dias[2], *Campus* Pelotas – Visconde da Graça do Instituto Federal Sul-rio-grandense.

O Manual está de acordo com as últimas atualizações das normas em vigor da Associação Brasileira de Normas Técnica (ABNT)[3] na presente data. Estas normas devem ser sempre consultadas, respectivamente:

ABNT NBR 6022:2018 – Artigo em publicação periódica técnica e/ou científica;
ABNT NBR 6023:2018 – Referências;
ABNT NBR 6024:2012 – Numeração progressiva das seções de um documento;
ABNT NBR 6027:2012 – Sumário;
ABNT NBR 6028:2003 – Resumos;
ABNT NBR 6034:2004 – Índice;
ABNT NBR 10520:2002 – Citações em documentos;
ABNT NBR 10719:2015 – Relatórios Técnico-científicos;
ABNT NBR 12225:2004 – Lombada;
ABNT NBR 14724:2011 – Trabalhos Acadêmicos;
ABNT NBR 15287:2011 – Projeto de pesquisa.

---

[1] Bibliotecário – Documentalista do Campus Pelotas Visconde da Graça – IFSul. Currículo Lattes: http://lattes.cnpq.br/5039863933123041. E-mail: emersonrodrigues@cavg.ifsul.edu.br.

[2] Bibliotecário – Documentalista do Campus Pelotas Visconde da Graça – IFSul. Currículo Lattes: http://lattes.cnpq.br/9292461531693956. E-mail: vitordias@cavg.ifsul.edu.br.

[3] A maioria dos exemplos que constam neste manual foram extraídos das normas ABNT consultadas pelos autores.

Além das normas ABNT, também devem ser consultadas as Normas de Apresentação Tabular IBGE de 1993.

2 DEFINIÇÕES

Artigo: segundo a ABNT (NBR 6022, 2018, p.2), o artigo técnico e/ou científico pode ser definido como "parte de uma publicação, com autoria declarada, de natureza técnica e/ou científica". O artigo, apresenta e discute ideias, métodos, técnicas, processos e resultados nas diversas áreas do conhecimento.

Dissertação: documento que representa o resultado de um trabalho experimental ou exposição de um estudo científico retrospectivo, de tema único e bem delimitado em sua extensão com o objetivo de reunir, analisar e interpretar informações. Deve evidenciar o conhecimento de literatura existente sobre o assunto e a capacidade de sistematização do candidato. É feito sob a coordenação de um orientador (doutor), visando à obtenção do título de mestre.

Monografia: documento constituído de uma só parte ou de um número preestabelecido de partes que se complementam. É um estudo particularizado que se faz de um determinado assunto ou tema, ou de um conjunto de aspectos de determinado assunto ou tema. É um nome genérico que serve para diversos trabalhos científicos: artigos, teses, dissertações, trabalhos de conclusão de cursos, etc.

Tese: documento que representa o resultado de um trabalho experimental ou exposição de um estudo científico de tema único e bem delimitado. Deve ser elaborado com base em investigação original, constituindo-se em real contribuição para a especialidade em questão. É feito sob a coordenação de um orientador (doutor) e visa à obtenção do título de doutor.

Trabalho Acadêmico: documento que representa o resultado de estudo, devendo expressar conhecimento do assunto escolhido, que deve ser obrigatoriamente emanado da disciplina, módulo, estudo independente, curso, programa e outros ministrados. Deve ser feito sob a coordenação de um orientador e podem ser denominados como: trabalho de conclusão de curso (TCC), trabalho de graduação interdisciplinar (TGI), trabalho de conclusão de curso de especialização e/ou aperfeiçoamento e outros.

3 ESTRUTURA DA MONOGRAFIA DE CONCLUSÃO DE CURSO

A estrutura da monografia compreende basicamente duas partes: parte externa e interna. Abaixo seguem os elementos que compõem suas respectivas partes.

3.1 PARTE EXTERNA

A parte externa é composta pela capa e lombada.

3.1.1 Capa

É um elemento obrigatório que serve como proteção externa do trabalho sobre a qual se imprimem as informações indispensáveis à sua identificação e deve conter as seguintes informações:

- Logotipo da instituição;
- Cabeçalho com nome da instituição, seguido do nome do campus, nome da diretoria/departamento, programa de pós-graduação (se for o caso) e/ou nome do curso;
- nome do autor;
- título;
- subtítulo (se houver), deve ser precedido de dois pontos, evidenciando a sua subordinação ao título;
- número do volume (se houver);
- local (Cidade) da Instituição onde será apresentado;
- ano da entrega da monografia.

Exemplo:

INSTITUTO FEDERAL SUL-RIO-GRANDENSE
***CAMPUS* PELOTAS – VISCONDE DA GRAÇA**
NÚCLEO DE ESTUDOS EM CIÊNCIAS E MATEMÁTICA – NECIM
CURSO DE ESPECIALIZAÇÃO EM CIÊNCIAS E TECNOLOGIAS NA EDUCAÇÃO

AGELINO DUARTE CHAVES

A EPISTEMOLOGIA DE QUÍMICA

PELOTAS
2012

Fonte: Elaborado pelos Autores.

Inicia-se na margem superior da folha/página com todas as informações centralizadas, em letras maiúsculas, em negrito, fonte Arial ou Times New Roman, tamanho 12 e espaço de 1,0 cm entre as linhas.

3.1.2 Lombada

Elemento opcional, compõe a capa do trabalho que reúne as margens internas das folhas, sejam elas costuradas, grampeadas, coladas ou mantidas juntas de outra maneira e deve conter:
- nome do(s) autor (es) (quando houver) que deve ser lido do alto para o pé;
- título do trabalho disposto da mesma forma;
- elementos de identificação do volume (se houver).

Exemplo:

AGELINO DUARTE CHAVES	A EPISTEMOLOGIA DE QUÍMICA

3.2 PARTE INTERNA

A parte interna é composta pelos elementos pré-textuais, elementos textuais e elementos pós-textuais. Abaixo seguem os elementos que compõem cada uma dessas partes:

Pré-textuais	Folha de rosto (obrigatório) Ficha catalográfica (obrigatório) Errata (opcional) Folha de aprovação (obrigatório) Dedicatória (opcional) Agradecimentos (opcional) Epígrafe (opcional) Resumo na língua vernácula (obrigatório) Resumo em íngua estrangeira (obrigatório) Lista de ilustrações (opcional) Lista de tabelas (opcional) Lista de abreviaturas e siglas (opcional) Lista de símbolos (opcional) Sumário (obrigatório)
Textuais	Introdução Desenvolvimento Conclusão
Pós- textuais	Referências (obrigatório) Glossário (opcional) Apêndice (opcional) Anexo (opcional) Índice (opcional)

3.2.1 Elementos pré-textuais

Os elementos que compõem o pré-texto são:

3.2.1.1 Folha de rosto

É um elemento obrigatório que deve conter as seguintes informações:
- nome(s) do(s) autor (es);
- título;
- subtítulo (se houver);
- número do volume (se houver);
- tipo de trabalho (tese, dissertação, trabalho de conclusão de curso e outros) e objetivo (aprovação em disciplina, grau pretendido e outros); nome da entidade a que deve ser submetido; e área de concentração;
- nome do orientador e, se houver do coorientador;
- local (cidade) da entidade onde deve ser apresentado;
- ano da entrega.

Exemplo:

AGELINO DUARTE CHAVES

A EPISTEMOLOGIA DE QUÍMICA

Monografia apresentada ao Programa de Pós-Graduação do Instituto Federal Sul-rio-grandense do *Campus* Pelotas – Visconde da Graça, como requisito parcial para obtenção do título de Especialista em Química.
Orientador: Prof. ...
Coorientador: Prof. .....

PELOTAS
2012

Fonte: Elaborado pelos Autores.

3.2.1.2 Ficha catalográfica

Elemento obrigatório que deve constar no verso da folha de rosto, centralizada próxima à borda inferior da folha, com medida padrão de 7,5 cm de altura x 12,5 cm de comprimento. Contém os dados de catalogação na publicação, conforme o Código de Catalogação Anglo-Americano vigente.

Obs: a ficha catalográfica deve ser impreterivelmente feita por um profissional Bibliotecário.

3.2.1.3 Errata

É um elemento opcional. Lista dos erros ocorridos no texto, seguidos das devidas correções. Deve constar após a folha de rosto, contendo a referência do trabalho e o texto da errata. Apresentada em papel avulso ou encartado, acrescida ao trabalho depois de impresso.

Exemplo:

ERRATA

FERRIGNO, C. R. A. **Tratamento de neoplasias ósseas apendiculares com reimplantação de enxerto ósseo autólogo autoclavado associado ao plasma rico em plaquetas**: estudo crítico na cirurgia de preservação de membro em cães. 2011. 128 f. Tese (Livre-Docência) - Faculdade de Medicina Veterinária e Zootecnia, Universidade de São Paulo, São Paulo, 2011.

Folha	Linha	Onde se lê	Leia-se
16	10	auto-clavado	autoclavado

3.2.1.4 Folha de aprovação

É um elemento obrigatório. Deve ser inserida após a folha de rosto, constituída pelos seguintes itens:

- Nome do autor do trabalho;
- Título do trabalho e subtítulo, (se houver);
- Tipo de trabalho, objetivo e nome da entidade que deve ser submetido, área de concentração;
- Data de aprovação;
- Nome, titulação e assinatura dos membros componentes da banca examinadora e instituições a que pertencem.
Obs.: Segundo a ABNT NBR 14724:2011, a data de aprovação e as assinaturas dos membros componentes da banca examinadora devem ser colocadas após a aprovação do trabalho.

Exemplo:

AGELINO DUARTE CHAVES

A EPISTEMOLOGIA DE QUÍMICA

> Monografia de apresentada ao Programa de Pós-Graduação do Instituto Federal Sul-Rio-Grandense do Campus Pelotas – Visconde da Graça, como requisito parcial para obtenção do título de Especialista em Química.
> Orientador: Prof. Dr. Xxxxxxxxxx.

Aprovado em____________

Comissão Examinadora:

____
Prof. Dr. Xxxxxxxxxx
Instituto Federal Sul-Rio-Grandense – Campus Pelotas – Visconde da Graça
Orientador

____
Prof. Dra. Xxxxxxxxxx
Instituto Federal Sul-Rio-Grandense – Campus Pelotas – Visconde da Graça

____
Prof. Esp. Xxxxxxxxxx

Instituto Federal Sul-Rio-Grandense – Campus Pelotas – Visconde da Graça

PELOTAS
2018

Fonte: Elaborado pelos Autores.

3.2.1.5 Dedicatória

Elemento Opcional. Deve ser inserida após a folha de aprovação. Geralmente esse item serve para dedicar, homenagear e oferecer o trabalho a determinada pessoa ou grupo de pessoas. Obs.: Fica por conta do gosto do autor e, a seu critério, a forma, tipo de letra, moldura, etc. desta página.

3.2.1.6 Agradecimentos

Elemento Opcional. Localiza-se após a dedicatória. Esse item serve para agradecer pessoas e/ou entidades que realmente influenciaram na construção do trabalho.

3.2.1.7 Epígrafe

Elemento Opcional. Deve ser inserida após os agradecimentos. É a citação de um pensamento, poema, trecho de um texto relacionado com a cobertura temática do trabalho. É elaborada conforme a ABNT NBR 10520 e necessária à indicação de autoria.

3.2.1.8 Resumo na língua vernácula

Elemento obrigatório. Trata-se de uma apresentação fiel, breve e concisa dos aspectos mais relevantes do trabalho, apresentando as ideias essenciais, na mesma progressão e no mesmo encadeamento que aparecem no texto. O resumo deve ressaltar o objetivo, o método, os resultados e as conclusões do trabalho.

Deve ser digitado em espaço simples, parágrafo único, verbo na voz ativa e na terceira pessoa do singular. Devendo conter de 150 a 500 palavras. Logo abaixo, devem-se colocar Palavras-chave, que são palavras representativas do trabalho.

Exemplo:

RESUMO

Este trabalho apresenta os procedimentos técnicos empregados na Biblioteca. Assim, temos as diferentes metodologias e conceitos de Biblioteconomia. Posteriormente, temos os procedimentos técnicos com definições e exemplos. É uma tentativa de especificar os diferentes produtos e serviços realizados e prestados pela Biblioteca.

Palavras–chave: Biblioteca. Biblioteconomia.

Fonte: Elaborado pelos Autores.

Obs: Para realizar o resumo deve ser utilizada a norma ABNT NBR 6028.

3.2.1.9 Resumo em língua estrangeira

Elemento obrigatório. É a versão do resumo em língua vernácula traduzido para um idioma de divulgação internacional.

3.2.1.10 Lista de ilustrações

Elemento opcional. Deve ser colocada antes do sumário. Elaborada de acordo com a ordem apresentada no texto, com cada item designado por seu nome específico, travessão, título e respectivo número de folha ou página. Quando necessário recomenda-se a elaboração de lista própria para cada tipo de ilustração (desenhos, esquemas, fluxogramas, fotografias, gráficos, mapas, organogramas, plantas, quadros, retratos, figuras e outros).

Exemplo:

LISTA DE ILUSTRAÇÕES

Quadro 1 – Epistemologia...3
Quadro 2 – Química................................. 5

Fonte: Elaborado pelos Autores.

3.2.1.11 Lista de tabelas

Elemento opcional. Deve ser colocada antes do sumário. Elaborada de acordo com a ordem apresentada no texto, com cada item designado por seu nome específico, travessão, título e respectivo número de folha ou página.

Exemplo:

LISTA DE TABELAS

Tabela 1 – Epistemologia..13
Tabela 2 – Química..15

Fonte: Elaborado pelos Autores.

3.2.1.12 Lista de abreviaturas e siglas

Elemento opcional. Deve ser colocado antes do sumário. Devendo trazer a relação, em ordem alfabética das abreviaturas e siglas que foram utilizadas no texto do trabalho com sua significação por extenso ao lado. A ABNT recomenda a elaboração de uma lista própria para cada tipo.

Obs.: quando as abreviaturas e/ou siglas aparecem pela primeira vez no texto, a forma completa do nome deve preceder a sigla devendo a mesma ser colocada entre parênteses.

Exemplo: Associação Brasileira de Normas Técnicas (ABNT).

Exemplo 1:

<table>
<tr><td>

LISTA DE ABREVIATURAS

cat. – catálogo
doc. – documento

</td></tr>
</table>

Fonte: Elaborado pelos Autores.

Exemplo 2:

<table>
<tr><td>

LISTA DE SIGLAS

ABNT – Associação Brasileira de Normas Técnicas
CFB – Conselho Federal de Biblioteconomia

</td></tr>
</table>

Fonte: Elaborado pelos Autores.

3.2.1.13 Lista de símbolos

Elemento opcional. Colocado antes do sumário. Consta de uma relação dos símbolos que foram utilizadas no trabalho com sua significação por extenso ao lado. Deve ser elaborada de acordo com a ordem que aparecem no texto.

Exemplo:

LISTA DE SÍMBOLOS

< – menor
> – maior

Fonte: Elaborado pelos Autores.

3.2.1.14 Sumário

Elemento obrigatório. Elaborado conforme a ABNT NBR 6027.

É a enumeração das principais divisões, seções e outras partes do trabalho na mesma ordem e grafia em que se encontram no texto. É importante atentar que os elementos pré-textuais não devem aparecer no sumário, logo, o sumário tem como elemento inicial a introdução. Além disso, o sumário é o último elemento pré-textual. Se houver mais de um volume, faz-se necessário colocar o sumário de toda a obra em cada um de seus volumes. A palavra "Sumário" precisa aparecer centralizada na mesma tipologia da fonte utilizada das seções primárias. Outrossim, a subordinação dos itens do sumário deve ser destacada pela apresentação tipográfica utilizada no texto.

A paginação no sumário deve ser apresentada sob uma das formas abaixo:

1) número da primeira página (exemplo: 27);
2) números das páginas inicial e final, separadas por hífen (exemplo: 91-143);
3) números das páginas em que se distribui o texto (exemplo: 27, 35, 64 ou 27-30, 35-38, 64-70).

Obs.: Não confundir sumário com índice. Já que, índice é a relação detalhada dos assuntos, nomes de pessoas, nomes geográficos e outros que aparecem em ordem alfabética **no final do trabalho**.

Exemplo:

SUMÁRIO

Fonte: Elaborado pelos Autores.

Obs.: Conforme a ABNT NBR 6024 os indicativos das seções que compõem o sumário, se houver, devem ser alinhados à esquerda. As regras para apresentação dos indicativos de Seção são as seguintes:
a) São empregados algarismos arábicos na numeração;
b) O indicativo de seção é alinhado na margem esquerda, precedendo o título, dele separado por um espaço;
c) Deve-se limitar a numeração progressiva até a seção quinária;
d) Não se utilizam ponto, hífen, travessão ou qualquer sinal após o indicativo de seção ou de seu título;
e) Todas as seções devem conter um texto relacionado com elas;
f) Destacam-se gradativamente os títulos das seções, utilizando os recursos de negrito, itálico ou grifo e redondo, caixa alta ou versal e outro. O título das seções (primárias, secundárias etc.) deve ser colocado após sua numeração, dele separado por um

espaço. Inicia-se em outra linha, conforme descrito no exemplo abaixo:

Exemplo:

1 SEÇÃO PRIMÁRIA – MAIÚSCULO E NEGRITO
1.1 SEÇÃO SECUNDÁRIA – SÓ MAIÚSCULO
1.1.1 Seção Terciária – Minúsculo e negrito
1.1.1.1 Seção Quaternária – Minúsculo e normal
1.1.1.1.1 Seção Quinária – Minúsculo e itálico

Fonte: Elaborado pelos Autores.

3.2.2 Elementos textuais

Conforme a ABNT NBR 6022, fazem parte dos elementos textuais os seguintes elementos obrigatórios:

3.2.2.1 Introdução

Apresenta os objetivos, as razões, os métodos e os procedimentos seguidos na elaboração do trabalho.

3.2.2.2 Desenvolvimento

Abrange todo o conteúdo teórico e metodológico do trabalho. Divide-se em seções e subseções, conforme a ABNT NBR 6024, que variam de acordo com a abordagem do tema e do método.

3.2.2.3 Conclusão ou Considerações Finais

É a parte final do trabalho e contém o fechamento geral das ideais relacionadas com os objetivos e hipóteses apresentadas no desenvolvimento do trabalho.

3.2.3 Elementos pós-textuais

Fazem parte dos elementos pós-textuais as referências, glossário, apêndice, anexo e índice.

3.2.3.1 Referências

Elemento obrigatório. Conjunto padronizado de elementos descritivos, retirados de um documento, que permite sua identificação. Cabe salientar, que nas referências, são colocados apenas os materiais que realmente foram citados no corpo do texto.

Obs.: A norma que regulamenta os procedimentos para referência é a ABNT NBR 6023.

As referências podem aparecer:
a) no rodapé da página;
b) no final de cada capítulo;
c) tecendo resumo, resenhas e recensões;
d) numa lista única no final do trabalho.

As referências são alinhadas somente à margem esquerda do texto, sendo escrita em espaço simples e separadas entre si por uma linha em branco em espaço simples. A tipografia (Negrito, itálico e grifo) deve aparecer de maneira uniforme em toda a referência destacando sempre os títulos principais.
Cabe ressaltar que quando a obra não possui autoria ou responsabilidade, o título aparece sempre com a primeira palavra em maiúsculo incluindo os artigos definidos e indefinidos, além de palavras monossilábicas.

Obs.: Nas referências existem elementos essenciais e elementos complementares, se optar por utilizar os elementos complementares estes devem ser utilizados em toda a referência.

- **Elementos essenciais:** são aqueles indispensáveis para a identificação do documento como: autor (es), título e subtítulo (se houver), edição e imprenta (local editora e data).

- **Elementos complementares:** são aqueles que servem para melhor caracterizar a obra, sendo opcionais. São eles: paginação, série, ilustração, ISBN, extensão da obra e outros.

3.2.3.1.1 Autoria pessoal

a) Quando houver até três autores, todos precisam ser indicados.

Exemplo:
DIAS, Rogério; CUNHA, Rivaldo; RODRIGUES, Lucio. **A Lupa**. São Paulo: Saber, 2012.

b) Quando houver mais de três autores, convém indicar todos. Permite-se indicar apenas o primeiro, seguido da expressão *et al.*

Exemplo:
DIAS, Rogério *et al.* **A Lupa**. São Paulo: Saber, 2012.

c) Autor de nome composto.

Exemplo:
ESPÍRITO SANTO, Miguel Frederico de. **O Rio Grande de São Pedro entre a fé e a razão**: introdução à história do Rio Grande do Sul. Porto Alegre: Martins Livreiro, 1999. 144 p.

d) Autor com grau de parentesco.

Exemplo:
DIAS FILHO, Rogério. **A Lupa**. São Paulo: Saber, 2012.

e) Autor com sobrenomes hispânicos.

Exemplo:
GARCÍA MÁRQUEZ, Gabriel. **O amor nos tempos do cólera**. 33. ed. Rio de Janeiro: Record, 2008.

f) Autor com sobrenome contendo prefixos.

Exemplos:
D'AMBROSIO, Ubiratan. **Etnomatemática**: elo entre as tradições e a modernidade. Belo Horizonte: Autêntica, 2001. 110 p.

LA TORRE, Massimo. **Two essays on liberalism and utopia**. Florence: European University Institute, 1998. 45 p.

Obs.: Não se incluem indicações de títulos, cargos e graduações como Dr., Prof., M.M. e outros.

3.2.3.1.2 Outros tipos de responsabilidade

a) Quando houver indicação explícita de responsabilidade pelo conjunto da obra, em coletâneas de vários autores. A entrada é feita pelo nome do responsável, seguido da abreviação, em letras minúsculas e no singular, do tipo de participação (organizador, compilador, editor, coordenador, entre outros), entre parênteses.

Exemplo:
DIAS, Rogério (org.). **A Lupa**. São Paulo: Saber, 2012.

b) Havendo mais de um responsável com o mesmo tipo de participação, deverá constar, no singular, após o último nome. Quando houver quatro ou mais responsáveis, aplica-se o recomendado em 3.2.3.1.1, alínea b.

Exemplo:

DIAS, Rogério; CUNHA, Rivaldo; RODRIGUES, Lucio; ROSA, Maria (coord.). **A Lupa**. São Paulo: Saber, 2012.

c) Responsabilidades como tradutor, ilustrador, revisor e outros, podem ser acrescentados após o título, conforme aparecem no documento.
Quando houver quatro ou mais responsáveis, aplica-se o recomendado em 3.2.3.1.1, alínea b.

Exemplo 1:
DIAS, Rogério. **A Lupa**. Ilustração de Rivaldo Cunha. São Paulo: Saber, 2012.

Exemplo 2:
CHEVALIER, Jean; GHEERBRANT, Alain. **A Lupa**. Tradução Rogério Dias, Rivaldo Cunha, Lucio Rodrigues e Maria Rosa. São Paulo: Saber, 2012.

Exemplo 3:
CHEVALIER, Jean; GHEERBRANT, Alain. **A Lupa**. Tradução Rogério Dias *et al*. São Paulo: Saber, 2012.

d) Obras adaptadas têm o responsável pela adaptação como o primeiro elemento.

Exemplo:

MOURO, Marco. **A noite das camas trocadas**. [Adaptado da obra de] Giovanni Boccaccio. São Paulo: Luzeiro, 1979.

e) Para obras psicografadas, o primeiro elemento deve ser o nome do espírito.

Exemplo:

EMMANUEL (Espírito). **Alma e coração**. Psicografado por Francisco Cândido Xavier. São Paulo: Pensamento, 1976.

   f) Para entrevistas, o primeiro elemento deve ser o entrevistado.

Exemplo:

HAMEL, Gary. Eficiência não basta: as empresas precisam inovar na gestão. [Entrevista cedida a] Chris Stanley. **HSM Management**, São Paulo, n. 79, mar./abr. 2010. Disponível em: http://www.revistahsm.com. br/coluna/gary-hamel-e-gestao-na-era-da-criatividade/. Acesso em: 23 mar. 2017.

   g) As obras de responsabilidade de pessoa jurídica (órgãos governamentais, empresas, associações, entre outros) têm entrada pela forma conhecida ou como se destaca no documento, por extenso ou abreviada.

Convém que se padronizem os nomes para o mesmo autor, quando aparecem de formas diferentes em documentos distintos.

Exemplo 1:

ASSOCIAÇÃO BRASILEIRA DE NORMAS TÉCNICAS. **ABNT NBR 14724**: informação e documentação: trabalhos acadêmicos: apresentação. Rio de Janeiro: ABNT, 2011.

Exemplo 2:

UNIVERSIDADE DE SÃO PAULO. **Catálogo de teses da Universidade de São Paulo, 1992**. São Paulo: USP, 1993. 467 p.

Exemplo 3:

PETROBRAS. **Biocombustíveis**: 50 perguntas e respostas sobre este novo mercado. Rio de Janeiro: PETROBRAS, 2007.

h) Quando for uma instituição governamental da administração direta, seu nome deve ser precedido pelo nome do órgão superior ou pelo nome da jurisdição à qual pertence.

Exemplo 1:

SÃO PAULO (Estado). Secretaria do Meio Ambiente. **Diretrizes para a política ambiental do Estado de São Paulo**. São Paulo: Secretaria do Meio Ambiente, 1993. 35 p.

Exemplo 2:

BRASIL. Ministério da Justiça. **Relatório de atividades**. Brasília, DF: Ministério da Justiça, 1993. 28 p.

i) Quando estado e município forem homônimos, indicar, entre parênteses, a palavra Estado ou a palavra Município.

Exemplo:

RIO DE JANEIRO (Município). Secretaria Municipal de Educação e Cultura. **Bibliografia carioca 1977**. Rio de Janeiro: Secretaria Municipal de Educação e Cultura, 1978.

j) Quando os municípios forem homônimos, indicar a sigla do estado entre parênteses.

Exemplo:

VIÇOSA (MG). **Lei nº 2558/2016**. Dispõe sobre o direito ao aleitamento materno e dá outras providências. Viçosa, MG: Sistema de Leis Municipais, 2017. Disponível em: leismunicipais.com.br. Acesso em: 22 jun. 2017.

k) Quando a instituição, vinculada a um órgão maior, tem uma denominação específica que a identifica, a entrada é feita diretamente pelo seu nome.

Exemplo:

UNIVERSIDADE FEDERAL DE SANTA CATARINA. **Relatório de atividades Pró-reitoria de pós- graduação**. [Florianópolis: UFSC], 2012. Disponível em: http://propg.ufsc.br/files/2013/08/Relatório-de- Atividades-PROPG-2012.pdf. Acesso em: 26 fev. 2015.

Obs.: caso a entidade tenha uma denominação genérica, a mesma deve ser precedida pelo órgão superior, ou pela jurisdição geográfica a qual pertence.

Exemplos:
INSTITUTO FEDERAL SUL- RIO- GRANDENSE. Biblioteca Visconde da Graça. **Manual de normatização de monografias**. Pelotas, 2012.

BRASIL. Ministério da Educação. **Diretrizes para a educação superior**. Brasília, DF, 2012.

l) Quando a instituição for homônima, acrescenta-se no final e entre parênteses, a unidade geográfica que identifica a jurisdição.

Exemplo:

BIBLIOTECA NACIONAL (Brasil). **Relatório da diretoria-geral**: 1984. Rio de Janeiro: Biblioteca Nacional, 1985. 40 p.

BIBLIOTECA NACIONAL (Portugal). **O 24 de julho de 1833 e a guerra civil de 1829-1834**. Lisboa: Biblioteca Nacional, 1983. 95 p.

m) As obras resultantes de eventos (seminários, congressos, simpósios, entre outros) têm sua entrada pelo nome do evento, por extenso e em letras maiúsculas, seguido do seu número de ocorrência (se houver), ano e local de realização e idioma do documento. O número de ocorrência deve ser em algarismo arábico, seguido de ponto.

Exemplo 1:

CONGRESSO BRASILEIRO DE LITERATURA, 2., 2012, Pelotas. **Anais** [...] Pelotas: IFSul, 2012.

Exemplo 2:

SIMPÓSIO DE INSTRUMENTAÇÃO E IMAGENS MÉDICAS, 3., 2007, São Carlos. [**Anais**]. São Carlos, SP: Escola de Engenharia de São Carlos-USP, 2007. 1 CD-ROM.

3.2.3.1.3 Autoria desconhecida

a) Quando a autoria é desconhecida, a entrada é feita pelo título.

Exemplo:
LUPA de vidro. São Paulo: Saber, 2012.

b) Referências com entrada pelo título, iniciado por artigo (definido ou indefinido), devem ter grafados em letras maiúsculas o artigo e a palavra subsequente.

Exemplo:

OS GRANDES clássicos das poesias líricas. [*S. l.*]: Ex Libris, 1981. 60 f.

Observações:

Títulos e subtítulos

Quando utilizar o subtítulo o mesmo precisa ser separado do título por dois pontos, sendo que o destaque será dado apenas ao título principal.

Exemplo:
DIAS, Rogério. **A lupa**: uma visão ampliada. São Paulo: Saber, 2012.

Quando o título for demasiadamente longo, pode-se suprimi-lo desde que não comprometa o sentido do mesmo. Essa supressão é indicada por reticências entre colchetes.

Exemplo:
DIAS, Rogério. **A lupa** [...]. São Paulo: Saber, 2012.

Quando o título aparecer em mais de uma língua, registra-se o primeiro. Podem-se registrar os demais, separando-os pelo sinal de igualdade.

Exemplo:

ELETROPAULO. **A cidade da Light, 1899-1930** = The city of the Light Company, 1899-1930. São Paulo: Eletropaulo, 1990.

Edição

A edição do documento deve ser transcrita de forma abreviada respeitando a língua original do texto.

Exemplo da edição em português:
DIAS, Rogério. **A lupa**. 2. ed. São Paulo: Saber, 2012.

Exemplo da edição da obra em inglês:
DIAS, Rogério. **The Mystery**. 5th ed. New York: CRC Press , 2012.

Obs.: Acréscimos e emendas a edição como edição revista, aumentada, atualizada etc., devem ser indicados de forma abreviada.

Exemplo:
DIAS, Rogério. **A lupa**. 2. ed. rev. São Paulo: Saber, 2012.
Local

O local da publicação é indicado conforme aparece no documento.
Exemplo:
DIAS, Rogério. **A lupa**. São Paulo: Saber, 2012.

Quando as cidades forem homônimas deve-se acrescentar o nome do estado ou do país para identificá-las.

Exemplo:
Viçosa, AL
Viçosa, MG.

Quando a obra possuir mais de um local para uma só editora, indica-se o primeiro ou o mais destacado.

Exemplo:
DIAS, Rogério. **A lupa**. São Paulo: Saber, 2012.

Na obra aparece São Paulo - Rio de Janeiro - Belo Horizonte.

Quando o local não aparecer no documento, mas for possível identificá-lo, indica-se o mesmo entre colchetes.

Exemplo:
DIAS, Rogério. **A lupa**. [São Paulo]: Saber, 2012.

Quando não for possível identificar o local, deve-se utilizar a expressão *sine loco*, entre colchetes, abreviado e em Itálico [*S.l.*].

Exemplo:
DIAS, Rogério. **A lupa**. [*S.l.*]: Saber, 2012.

Editora

A editora da publicação deve ser indicada conforme aparece no documento, suprimindo as palavras que designam a natureza jurídica ou comercial da mesma bem como, abreviando-se os prenomes, desde que não prejudiquem a identificação do documento.

Exemplos:
DIAS, Rogério. **A lupa**. São Paulo: Ática, 2012.
DIAS, Rogério. **A lupa**. São Paulo: J. Zahar, 2012.

No documento: Jorge Zahar Editora.

Quando a obra possuir duas editoras, ambas devem ser indicadas, com seus respectivos locais, separadas por ponto e vírgula. Se a obra possuir três ou mais, deve-se indicar a primeira ou a que estiver em destaque.

Exemplo:
DIAS, Rogério. **A lupa**. São Paulo: Ática; Rio de Janeiro: Cia das Letras, 2012.

Quando não for possível identificar à editora, utiliza-se a expressão *sine nomine*, entre colchetes, abreviada e em Itálico [*s.n.*].

Exemplo:
DIAS, Rogério. **A lupa**. São Paulo: [*s.n.*], 2012.

Quando não for possível identificar a editora e o local, utiliza-se ambas as expressões abreviadas, entre colchetes e em Itálico [*S.l.: s.n.*].

Exemplo:
DIAS, Rogério. **A lupa**. [*S.l.: s.n.*], 2012.

Quando a editora for também autor (pessoa jurídica), pode-se adotar, no campo Editora, a forma abreviada (ou sigla), desde que esta conste no documento.
Exemplo:

INSTITUTO NACIONAL DO CÂNCER (Brasil). **A situação do tabagismo no Brasil**. Rio de Janeiro: INCA, c2011.

Data

A data da publicação deve ser indicada em algarismos arábicos e por ser um elemento essencial para a referência sempre é indicada, seja ela da publicação, da distribuição, do copirraite, da impressão, da apresentação de um trabalho acadêmico, etc.

Exemplo:
DIAS, Rogério. **A lupa**. 2. ed. São Paulo: Ática, 2012.

Obs.: a data de copirraite deve ser indicada antecedida pela letra c em minúsculo e sem espaço.

Exemplo:
DIAS, Rogério. **A lupa**. São Paulo: Ática, c2000.

Caso nenhuma data de publicação, distribuição, copirraite, impressão puder ser indicada, registra-se uma data aproximada entre colchetes, conforme exemplos abaixo:

[2000 ou 2001] um ano ou outro
[1989?] data provável
[1985] data certa, não indicada no item
[entre 1920 e 1930] use intervalos menores de 20 anos
[ca. 1990] data aproximada
[196-] década certa

[196-?] década provável
[18--] século certo
[18--?] século provável

Nas referências de vários volumes de um documento, produzidos em um período, devem ser indicados os anos (o mais antigo e o mais recente da publicação), separados por hífen.

Exemplo:
RUCH, Gastão. **História geral da civilização**: da Antigüidade ao XX século. Rio de Janeiro: F. Briguiet, 1926-1940. 4 v.

3.2.3.1.4 Modelos de referência

Monografia no todo: Inclui livro, folhetos, guia, catálogo, enciclopédia, dicionário, além de trabalhos acadêmicos (teses, dissertação) entre outros.

Exemplos de Monografia no todo (elementos essenciais):

BRAUNER, Maria Fabiana. **Escolas espaço de fabricação de imagem:** patologias do olhar na relação professor – aluno. 2003. 280 f. Tese (Doutorado em Educação), Faculdade de Educação, Universidade Federal do Rio Grande do Sul. Porto Alegre, 2003.

DIAS, Rogério. **A lupa**. 2. ed. São Paulo: Ática, 2012.

HOUSSAIS, Antonio (Ed.). **Novo Dicionário Webster's:** inglês/ português, português/ inglês. São Paulo: Folha da Manhã, 1996.

INSTITUTO FEDERAL SUL RIO GRANDENSE. **Processo Seletivo 2012**. Manual do candidato. Pelotas, 2012.

MUSEU DO CAVG. **Instruções para visitação**. Catálogo. Pelotas, 2012.

Parte de monografia: inclui capítulo, volume, fragmento e outras partes de uma obra, com autores ou títulos próprios.

Exemplos de parte de monografias (elementos essenciais):
Fagundes, João. **Indumentária**. *In*: DIAS, Vitor. **O Gaúcho**. 2. ed. São Paulo: Ática, 2012. Cap. 4. p. 15 – 25.

DIAS, Vitor. **Indumentária Gaúcha**. *In*: DIAS, Vitor. **O Gaúcho**. 2. ed. São Paulo: Ática, 2012. Cap. 5. p. 26 – 36.

Obs: Primeiramente cita-se o autor e título da parte utilizada, seguido da expressão "*in*": e a referência completa da monografia, acrescentando ao final da referência a paginação ou outra maneira de individualizar (capítulo) a parte referenciada.

Monografia no todo em meio eletrônico (CD, DVD, Disquetes e online): deve incluir as mesmas informações da monografia como um todo, acrescidas das especificações referentes à descrição física do meio eletrônico.

Exemplos de monografia no todo em meio eletrônico:

ESTADO DE SÃO PAULO. **Manual de redação e estilo**. São Paulo, 1997. Disponível em: http://
www.estado.com.br/redac/manual.html. Acesso em: 25 jun. 2002.

KOOGAN, André; HOUAISS, (ed.). **Enciclopédia e dicionário digital 98**. Direção geral. São Paulo: Delta: Estadão, 1998. 5 CD – ROM.

Parte de monografia em meio eletrônico: Ao citar parte de monografia em meio eletrônico deve se proceder conforme a indicação apresentada no item (parte de monografia) acrescendo-se as informações relativas á descrição física em meio eletrônico.

Exemplo de parte de monografia em meio eletrônico:

SÃO PAULO (Estado). Secretaria do Meio Ambiente. Tratados e organizações ambientais em matéria de meio ambiente. *In*: SÃO PAULO (Estado). **Entendendo o meio ambiente**. São Paulo, 1999. v. 1. Disponível em: http:// www. Bdt.org.br/sma/entendendo/atual.htm. Acesso em: 8 maio 2010.

Publicação Periódica: Inclui a coleção como um todo, fascículo ou número de revista, número de jornal, caderno etc. na íntegra, e a matéria existente em um número, volume ou fascículo de periódico (artigos científicos de revistas, editoriais, matérias jornalísticas, seções, reportagens etc.).

Exemplos de Periódicos como um todo:

PRO TESTE. Rio de Janeiro: Associação Brasileira de Defesa do Consumidor, 2005.

SÃO PAULO MEDICAL JOURNAL. São Paulo: Associação Paulista de Medicina, 1941.

Exemplo de Parte de Periódico:

PRO TESTE. Rio de Janeiro: Associação Brasileira de Defesa do Consumidor, n. 33, fev. 2005.

Exemplos de artigos em Periódicos:

EM BUSCA do elixir da longa vida. **Planeta**, p. 40-43, São Paulo, fev. 2005.
FERREIRA, Jeferson. As Abelhas como elementos de ligação. **Saúde e vida**, Belo Horizonte, v. 24, n. 1334, p. 23 – 24, jan./ fev. 1998.

NAVES, Paulo. Lagoas Andinas dão banho de beleza. **Folha de São Paulo**. São Paulo, 28 jun. 1999. Folha Turismo. Caderno 8.

TAM será reserva modelo no país. **Zero Hora**, Porto Alegre, 27 mar. 1993.

Artigos de Periódicos em meio eletrônico: Ao citar artigos de Periódicos em meio eletrônico procede-se, conforme artigos de periódicos, acrescendo-se as informações relativas á descrição física em meio eletrônico.

Exemplos de Artigos de Periódicos em meio eletrônico:

ARRANJO Tributário. Diário do Nordeste Online, Fortaleza, 27 nov. 1998. Disponível em: http://www.diariodonordeste.com.br. Acesso em: 28 nov. 1998.

WINDOWS 98: o melhor caminho para atualização. **PC Word**, São Paulo, n. 75, set. 1998. Disponível em: http:// www. Idg. com.br/ abre.htm. Acesso em: 15 set. 2003.

Evento como um todo: Inclui o conjunto dos documentos reunidos num produto final do próprio evento (anais, atas, resultados).

Exemplos de Evento como um todo:

CONGRESSO ULTRAMARINO DA LÍNGUA PORTUGUESA, 5., 1999, Florianópolis, **Anais** [...]. Florianópolis: Ed. Sol e Mar, 1999.

JORNADA INTERNA DE INICIAÇÃO CIENTÍFICA, 18., 1996, Recife. **Livro de Resumos da XVII jornada de Iniciação Científica.** Recife: UFRJ, 1996.

Exemplos de trabalhos apresentados em Eventos:

VARELLA, Gaetano Correa. Novas Linguagens do cotidiano. *In*: CONGRESSO ULTRAMARINO DA LÍNGUA PORTUGUESA, 5., 2004. Florianópolis. **Anais** [...]. Florianópolis: Ed. Sol e Mar, 1999. p. 31 – 39.

Obs.: Quando o evento, tanto no todo como em parte, estiver em meio eletrônico, deve ser incluído conforme os exemplos anteriormente mencionados, acrescido das informações relativas à descrição física em meio eletrônico.

Legislação: Compreende a Constituição, as emendas constitucionais e os textos legais infraconstitucionais (lei complementar e ordinária, medida provisória, decreto em todas as suas formas, resolução do Senado Federal) e normas emanadas das entidades públicas e privadas (ato normativo, portaria, resolução, ordem de serviço, instrução normativa, comunicado, aviso, circular, decisão administrativa, entre outros).

Exemplos:

BRASIL. **Código Civil**. 46. ed. São Paulo: Saraiva, 1995.

BRASIL. Medida provisória n° 5.452, de 1 de maio de 1943. **Lex:** Coletânea da Legislação: edição federal, São Paulo, v. 7, 1943. Suplemento.

RIO GRANDE DO SUL. **Constituição do Estado do Rio Grande do Sul**. Porto Alegre: Assembléia Legislativa, 1989.
BRASIL. Constituição (1988). Emenda constitucional n° 9, de 9 de novembro de 1995. **Lex**: legislação federal e marginália, São Paulo, v. 59, p. 1966, out./dez. 1995.

BRASIL. Lei n° 8.078, de 11 de setembro de 1990. Dispõe sobre a proteção do consumidor e da outras providências. **Diário Oficial**

da União, Brasília, v. 138, n. 87, p. 8065, 12 set. 1990. Suplemento.

Jurisprudência (decisões judiciais): compreende súmulas, acórdãos, decisões, enunciados e sentenças das cortes ou tribunais.

Exemplo:
BRASIL. Supremo Tribunal Federal. Súmula nº 14. *In*: BRASIL. Supremo Tribunal Federal. **Súmulas**. São Paulo: Associação dos Advogados do Brasil, 1994. p. 16.

Obs: Quando a Legislação estiver em meio eletrônico deve ser incluída conforme os exemplos anteriormente mencionados, acrescida das informações relativas à descrição física em meio eletrônico.

Imagem em movimento: Incluem filmes, videocassetes, DVD, entre outros.

Exemplos:

CENTRAL do Brasil. Direção: Walter Salles Júnior. Produção: Martire de Clermont-Tonnerre e Arthur Cohn. Intérpretes: Fernanda Montenegro; Marilia Pera; Vinicius de Oliveira; Sônia Lira; Othon Bastos; Matheus Nachtergaele e outros. Roteiro: Marcos Bernstein, João Emanuel Carneiro e Walter Salles Júnior. [*S.l.*]: Le Studio Canal; Riofilme; MACT Productions, 1998.

OS PERIGOS do uso de tóxicos. Produção de Jorge Ramos de Andrade. São Paulo: CERAVI, 1983. 1 DVD.

Documento iconográfico: Inclui pintura, gravura, ilustração, fotografia, desenho técnico, diapositivo, diafilme, material estereográfico, transparência, cartaz, entre outros.

Exemplo:

RIBAS, Tomas. **Cavalo Selvagem**. 1980. 1 fotografia.
Obs: Quando o documento iconográfico estiver em meio eletrônico, incluí-se conforme os exemplos anteriormente mencionados, acrescido das informações relativas à descrição física em meio eletrônico.

Documento sonoro no todo: Inclui disco, CD (*compact disc*), cassete, rolo, entre outros.

Exemplo:

ALCIONE. **Ouro e cobre**. São Paulo: RCA Victor, p1988. 1 disco sonoro.

Documento sonoro em parte: Inclui partes e faixas de documentos sonoros.

Exemplo:
GINO, A. Toque macio. Intérprete: Alcione. *In:* ALCIONE. **Ouro e cobre**. Direção artística: Miguel Propschi. São Paulo: RCA Victor, p1988. 1 disco sonoro.

Documento de acesso exclusivo em meio eletrônico: Incluí bases de dados, listas de discussão, BBS (*site*), arquivos em disco rígido, programas, conjuntos de programas e mensagens eletrônicas, entre outros.

Exemplos:
ÁCAROS no Estado de São Paulo. *In:* FUNDAÇÃO TROPICAL DE PESQUISAS E TECNOLOGIA "ANDRÉ TOSELLO". **Base de Dados Tropical**. 1985. Disponível em:
http://www.bdt.fat.org.br/acaro/sp/. Acesso em: 30 de maio 2002.

MICROSOFT Project for Windows 95. Version 4.1. [*S.l.*]: Microsoft Corporation, 1995. 1 CD-ROM.

Atenção: Materiais que não constam na seção de referências do referido manual devem ser pesquisados utilizando a norma NBR 6023:2018.

3.2.3.2 Glossário

Elemento opcional. É uma relação de palavras ou expressões técnicas de uso restrito ou de sentido obscuro, utilizadas no texto, acompanhadas das respectivas definições. O glossário é elaborado em ordem alfabética.

3.2.3.3 Apêndice

Elemento opcional. Texto ou documento elaborado pelo autor, a fim de complementar sua argumentação, sem prejuízo da estrutura geral do trabalho. Sua paginação é progressiva, devendo dar seguimento à paginação do trabalho. Utilizam-se letras maiúsculas dobradas, na identificação dos apêndices, quando esgotadas as letras do alfabeto.

Abaixo segue exemplo de Apêndice:

APÊNDICE A – Experiência em Educação Especial

3.2.3.4 Anexo

Elemento opcional. Texto ou documento não elaborado pelo autor, que serve de fundamentação, comprovação e ilustração do texto. Sua paginação é progressiva, devendo dar seguimento à paginação do trabalho. Utilizam-se letras maiúsculas dobradas, na identificação dos anexos, quando esgotadas as letras do alfabeto.

3.2.3.5 Índice

Elemento opcional. Lista de palavras ou frases, ordenadas segundo determinado critério, que localiza e remete para as informações contidas no texto. Ao elaborar o índice utiliza-se a norma NBR 6034: 2004.

4 APRESENTAÇÃO GERAL

Apresentação das Monografias deve ser elaborada conforme as instruções abaixo mencionadas.

4.1 FORMATO

O texto deve ser digitado em cor preta; outras cores, somente para ilustrações. Quando impresso utiliza-se papel branco ou reciclado no formato A4 (21 cm X 29,07 cm).

4.2 MARGEM

As margens para elaboração de monografias devem seguir o abaixo descrito:

Anverso

a) margem esquerda: 3cm
b) margem superior: 3cm
c) margem direita: 2cm
d) margem inferior: 2cm

Verso

a) margem direita: 3cm
b) margem superior: 3cm
c) margem esquerda: 2cm
d) margem inferior: 2cm

4.3 TIPO E TAMANHO DE LETRA

Recomenda-se fonte tamanho 12 para todo o trabalho, inclusive a capa, excetuando-se citações com mais de três linhas, notas de rodapé, paginação, dados internacionais de catalogação na publicação, legendas e fontes das ilustrações e das tabelas, que devem ser em tamanho menor e uniforme. Cabe salientar que a ABNT não faz menção sobre o tipo de letra a ser utilizado, porém, normalmente as mais utilizadas e solicitadas pelas instituições são Times New Roman ou Arial.

4.4 ESPAÇAMENTO

Espaçamento 1,5 entre linhas exceto as citações de mais de três linhas, notas de rodapé, referências, legendas das ilustrações e das tabelas, natureza (tipo de trabalho, objetivo, nome da instituição a que é submetido e área de concentração), que são digitados em espaço simples. As referências ao final do trabalho separam-se entre si por um espaço simples em branco.

Na folha de rosto e na folha de aprovação, o tipo do trabalho, o objetivo, o nome da instituição e a área de concentração devem ser alinhados do meio da mancha gráfica para a margem direita.

4.5 INDICATIVOS DE SEÇÃO

No indicativo de cada seção devem aparecer somente algarismos arábicos que são separados do título apenas por um espaço e alinhados à esquerda. Já a subseção é separada apenas por um ponto. O título das seções primárias deve começar em página nova e ser separado do texto que os sucede por um espaço entre as linhas de 1,5. Os títulos das subseções devem ser separados do texto que os precede e que os sucede por um espaço entre as linhas de 1,5. Títulos maiores que ocupam mais de uma linha devem ser separados, a partir da segunda linha, alinhados abaixo da primeira letra da primeira palavra do título.

4.6 TÍTULOS SEM INDICATIVO NUMÉRICO E/OU TÍTULO

Os títulos sem indicativo numérico (errata, agradecimentos, lista de ilustrações, lista de abreviaturas e siglas, lista de símbolos, resumos, sumário, referências, glossário, apêndice(s), anexo(s) e índice(s)), devem ser centralizados e em nova página. Já a folha de aprovação, a dedicatória e a(s) epígrafe(s) são elementos sem título e sem indicativo numérico.

4.7 PAGINAÇÃO

Todas as páginas do trabalho, a partir da folha de rosto, são contadas sequencialmente, porém a numeração só passa a ser colocada a partir da primeira página da parte textual, em algarismos arábicos, no canto superior direito da folha a 2 cm da borda superior, ficando o último algarismo a 2 cm da borda direita da folha.

Trabalhos com mais de um volume deve ser mantida uma única sequência de numeração das folhas, do primeiro ao último volume.

Se houver anexo(s) ou apêndice(s), suas páginas deverão ser igualmente numeradas de maneira contínua e sua paginação dará seguimento à do texto principal.

4.8 EQUAÇÕES E FÓRMULAS

São destacadas no texto e, se necessário, numeradas com algarismos arábicos entre parênteses, alinhados à direita. Na sequência normal do texto, é permitido o uso de uma entrelinha maior que comporte seus elementos como expoentes e índices, entre outros.

Exemplos:

$$x^2 + y^2 = z^2 \tag{1}$$

$$(x^2 + y^2) / 4 = n \tag{2}$$

4.9 ILUSTRAÇÕES

A ilustração deve ser citada no texto e inserida o mais próximo possível do trecho a que se refere. Sua identificação aparece sempre na parte superior da mesma, precedida da palavra designativa (desenho, esquema, fluxograma, fotografia, gráfico, mapa, organograma, planta, quadro, retrato, figura, imagem, entre outros), seguida de seu número de ordem de ocorrência no texto, em algarismos arábicos, travessão e do respectivo título. Na parte inferior da ilustração consta a fonte consultada (mesmo que seja produção do próprio autor), legenda, notas e outras informações necessárias a sua compreensão.

4.10 TABELAS

Devem ser padronizadas conforme as orientações do Instituto Brasileiro de Geografia e Estatística (IBGE), serem citadas no texto e inseridas o mais próximo possível do trecho a que se referem.

4.11 CITAÇÕES

Citar é colocar no texto alguma informação, palavras ou ideias extraídas de outra fonte. Cabe salientar que as citações devem trazer a identificação da fonte original.
Essa identificação pode ser colocada conforme descrito abaixo:
   a)   incluída no texto;
   b)   em nota de rodapé.

Segundo a ABNT 10520/2002, existem três tipos de citações:

Citação indireta ou livre;
Citação direta ou textual e;
Citação de citação.

4.11.1 Citação indireta ou livre

É quando expressamos no texto o conteúdo, ideias e/ou pensamentos de outra pessoa com nossas próprias palavras. Indica-se o sobrenome do autor em letras minúsculas se estiver no corpo do texto, ou em letras maiúsculas se estiver dentro dos parênteses, juntamente com o ano da publicação. É importante ressaltar que esse tipo de citação não aparece entre aspas.

Exemplo 1: Sobrenome do autor em letras maiúsculas
Tratando-se de citações indiretas, só se indicam as páginas quando for possível identificá-las, caso contrário torna-se indispensável o uso das mesmas. (FURASTÉ, 2011).

Exemplo 2: Sobrenome do autor em letras minúsculas.
Furasté (2011) afirma que se tratando de citações indiretas, só se indicam as páginas quando for possível identificá-las, caso contrário torna-se indispensável o uso das mesmas.

4.11.2 Citação direta

É a transcrição textual utilizando exatamente as palavras do autor citado. As citações diretas podem ser breves ou longas.
As citações breves são aquelas com menos de três linhas, devendo aparecer entre aspas juntamente com o sobrenome do autor, ano e página da qual foi extraída a citação.

Exemplo:
Segundo Furasté (2011, p. 61), "O tamanho da fonte (letra) da citação breve permanece o mesmo do corpo do texto (tamanho 12).".

As citações longas são aquelas com mais de três linhas, são destacadas com um recuo de 4 cm da margem esquerda, com letra menor (tamanho 10) e sem aspas. O espacejamento entre linhas do corpo da citação deve ser de um espaço simples, deixando-se uma linha em branco antes e depois entre o texto do trabalho e a citação.

Exemplo:
Em relação às citações longas, Humberto Eco afirma:

> Este método é bastante cômodo porque colocam de imediato sob os olhos do leitor os textos citados, permite saltá-los se a leitura for transversal, concentrar-se exclusivamente sobre eles quando o leitor estiver mais interessado nas citações do que no nosso comentário e, por fim, permite encontrá-los rapidamente quando os procuramos por motivo de consulta (ECO, 2010, p. 126).

4.11.3 Citação de citação

É a citação direta ou indireta de um texto quando não se teve acesso ao original. Cabe salientar que indica-se primeiramente o sobrenome do autor da passagem (passagem original), seguido da palavra latina *apud* (que significa: segundo, conforme, de acordo com) e o sobrenome do autor que fez a citação. Este, no qual, se deve fazer a referência completa.

Obs.: Esse tipo de citação deve ser evitado, pois em alguns casos não é aceito pelas bancas examinadoras devido ao fato de não se ter tido acesso ao texto original.

Exemplo:
Segundo Campbell e Ballou (2000 apud ECO, 2010, p. 151) "as citações diretas que não ultrapassarem as três linhas datilografadas aparecem entre aspas duplas, e no texto".

Observações importantes:

É fundamental atentar-se para o fato de o autor possuir mais de uma obra com o mesmo ano, as mesmas deverão ser diferenciadas acrescentando uma letra minúscula em ordem alfabética após a data.

Exemplo:

Chaves (2009a)
Chaves (2009b)

Ao utilizar-se o mesmo autor que se encontra em obras distintas deve-se apresentar o nome desse autor seguido de seus distintos anos de publicação, sempre separados por vírgula.

Exemplo:

Chaves (2001, 2002, 2010).

Em citações indiretas quando utilizamos autores diferentes de obras diversas mencionadas simultaneamente as mesmas são separadas por ponto e vírgula e colocadas em ordem alfabética.

Exemplo:

(CHAVES, 2000; DIAS, 2005; GOMES, 2011).

Quando a obra não possuir autor explícito, coloca-se a primeira palavra do título em maiúsculo, juntamente com seu artigo (definido ou indefinido), seguido de reticências, a data e a página que foi extraída a citação.

Exemplo:

"Pesquisa desmitifica a necessidade de dormir oito horas ininterruptas." (DIVISÃO..., 2012, p. 1).

Na referência:
DIVISÃO do sono faz bem. **Diário Popular**, Pelotas, p. 1, mar.2012.

Quando a obra possuir como autoria uma entidade coletiva (Instituição, Empresa, País e etc.) deve-se iniciar pelo nome completo da mesma conforme exemplo abaixo:

Exemplo:

Em relação à citação de documentos eletrônicos on-line:
"A NBR 10.520:2002 da ABNT orienta sobre a citação de documentos em meio impresso, não trazendo, ainda, menção a citação de documentos eletrônicos on-line, que obedecem as mesmas regras do meio impresso." (INSTITUTO FEDERAL DO ESPÍRITO SANTO, 2009, p. 33).

Caso haja coincidência de sobrenomes de autores, acrescenta-se as iniciais de seus prenomes; se mesmo assim persistir a coincidência, deve-se colocar os prenomes por extenso.

Exemplos:

(GOMES, A., 2001) (GOMES, Márcio, 2000).
(GOMES, D., 1998) (GOMES, Marcelo, 2000).

Quando dentro da citação direta já existir aspas, deve-se transformar as mesmas em aspas simples.

Exemplo:

Quando, no texto citado, houver algum tipo de erro, ou algo inusitado, para que fique bem claro que esse erro foi cometido pelo autor do trecho e não por quem fez o trabalho, coloca-se, logo após o erro, a palavra latina '**sic**', entre parênteses, que significa 'isso mesmo', 'assim mesmo'. Isso vale para qualquer tipo de erro, seja na forma, seja no conteúdo do trecho. (FURASTÉ, 2011, p. 64, grifo do autor).

A supressão [...] deve ser colocadas quando queremos suprimir trechos de uma citação.

Exemplo:

"[...] as reticências são usadas apenas quando o trecho citado não é uma sentença completa". (FURASTÉ, 2011, p. 62).

Interpolação, acréscimos ou comentários à citação aparecem entre colchetes.

Exemplo:

"[...] as reticências [nas citações] são usadas apenas quando o trecho citado não é uma sentença completa". (FURASTÉ, 2011, p. 62).

Quando utilizarmos alguma ênfase ou destaque na citação devemos colocar grifo ou negrito ou itálico. Indica-se essa alteração com a expressão grifo nosso entre parênteses, após a chamada da citação, ou grifo do autor, caso o destaque já faça parte da obra consultada.

Exemplo:

"Caso o texto citado traga algum tipo de destaque **dado pelo autor** do trecho, deve-se usar a expressão *grifo do autor* [...]". (FURASTÉ, 2011, p. 65, grifo nosso).

Quando a citação incluir texto traduzido pelo autor coloca-se, após a chamada da citação, a expressão tradução nossa, entre parênteses.

Exemplo:

"Ao fazê-lo pode estar envolto em culpa, perversão, ódio de si mesmo [...] pode julgar-se pecador e identificar-se com seu pecado." (RAHNER, 1962, v. 4, p. 463, tradução nossa).

Caso seja citado no texto informação verbal obtida em palestras, debates, comunicações etc., a mesma deverá ser indicada, colocando-se entre parênteses, a expressão **informação verbal**, mencionando-se os dados disponíveis, em nota de rodapé.

Exemplo:

Até o final de março, o Campus Pelotas – Visconde da Graça estará recebendo netbooks para complementar o trabalho dos professores do Campus.[1]

No rodapé da página:

____

[1]Notícia fornecida pelo Reitor do IFSul, Antônio Carlos Barum Brod, na reunião realizada no Campus Pelotas Visconde da Graça em 01 de março de 2012.

Na citação de trabalhos em fase de elaboração, deve ser mencionado o fato, indicando-se os dados disponíveis, em nota de rodapé.

Exemplo:

"Este manual tem por finalidade subsidiar os docentes e discentes dos Cursos de Especialização do Instituto Federal Sul-Rio-

Grandense do Campus Pelotas – Visconde da Graça [...]" (em fase de elaboração)[1]

No rodapé da página:

____

[1]Normas para a elaboração de monografias. Elaborado pelos Bibliotecários do IFSul – Campus Pelotas – Visconde da Graça, a ser editado pelo IFSul, 2012.

4.11.4 Sistemas de chamada das citações

As citações são indicadas no texto por um sistema de chamada, podendo ser numérico ou autor-data. O sistema escolhido deve ser seguido uniformemente ao longo de todo o trabalho, permitindo sua correlação na lista de referências ou em notas de rodapé.

4.11.4.1 Sistema de chamada autor-data

No sistema autor-data, a indicação da fonte é feita pelo sobrenome do(s) autor (es) ou pelo nome da entidade responsável, seguido da data da publicação (e da página no caso de citação direta), separado por vírgula e entre parênteses. Deve-se observar as suas particularidades que estão descritas de maneira minudente no item observações importantes.

4.11.4.2 Sistema de chamada numérico

No sistema numérico a indicação da fonte é feita por uma numeração única e consecutiva, em algarismos arábicos, remetendo à lista de referências ao final do trabalho, do capítulo ou da parte, na mesma ordem em que aparecem no texto.

Esse sistema não deve ser utilizado quando há notas de rodapé e não se deve reiniciar a numeração das citações a cada página.

A indicação da numeração deve ser descrita conforme exemplo abaixo:

Exemplo:

Diz Mario Quintana "O cotidiano é o incógnito do mistério."[12]
Diz Mario Quintana "O cotidiano é o incógnito do mistério." (12).

4.12 NOTAS DE RODAPÉ

São observações, indicações ou aditamentos cujas inclusões, se fossem feitas no texto, prejudicaria a sequência lógica do mesmo. Além disso, as notas de rodapé podem ser explicativas (utilizadas para prestar esclarecimentos, comprovar ou justificar uma afirmação que não pode ser incluída no texto) ou de referência (são as notas que identificam as fontes consultadas ou que remetem a outras obras).

4.12.1 Notas explicativas

A numeração das notas explicativas é feita em algarismos arábicos, tendo numeração única e consecutiva para cada capítulo ou parte. Não se inicia a numeração a cada página.

Exemplo:

---
[3]Deve-se manter uma uniformidade de ação. Quando se optar por uma forma, deve-se manter   essa forma até o final.

4.12.2 Notas de referência

A numeração das notas de referência é feita por algarismos arábicos, devendo ter numeração única e consecutiva para cada capítulo ou parte. Não se inicia a numeração a cada página.
A primeira citação de uma obra, em nota de rodapé, deve ter sua referência completa.

Exemplo:
No rodapé da página:

---

[12]QUINTANA, Mário. **Na volta da esquina**. Porto Alegre: Globo, 1979. 116p.

As subsequentes citações da mesma obra podem ser referenciadas de forma abreviada, utilizando as seguintes expressões, abreviadas quando for o caso:

a) Idem – mesmo autor – Id.
Exemplo:

---

[12]QUINTANA, 1979, p. 19.
[13]id., 2002. p. 51.

b) Ibidem – na mesma obra – Ibid.;
Exemplo:

---

[13]QUINTANA, 1979, p. 19.
[14]ibid. , p. 45.

c) Opus citatum, opere citato – obra citada – op. cit.;

Exemplo:

---

[15]QUINTANA, 1979, p. 19.
[16]FURASTÉ, 2011, p. 25.
[17]QUINTANA, op. cit., p. 23.

d) Passim – aqui e ali, em diversas passagens – passim;
Exemplo:

---

[16]FURASTÉ, 2011, passim.

e) Loco citato – no lugar citado – loc. cit.;

Exemplo:

____

[12]QUINTANA, 1979, p. 19-21.
[13]QUINTANA, loc. cit.
f) Confira, confronte – Cf.;
Exemplo:

____

[16] Cf. FURASTÉ, 2011.

g) Sequentia – seguinte ou que se segue – et seq.;
Exemplo:

____

[16]FURASTÉ, 2011, p. 21 et seq.

A expressão apud – citado por, conforme, segundo – pode, também, ser usada no texto.

Exemplos:
No texto:
Segundo Campbell e Ballou (apud ECO, 2010, p. 151) "as citações diretas que não ultrapassarem as três linhas datilografadas aparecem entre aspas duplas, e no texto".

No rodapé da página:

____

CAMPBELL; BALLOU, 1956 apud ECO, 2010, p. 151.

OBS.: As expressões Idem, Ibidem, opere citato e confira só podem ser usadas na mesma página ou folha da citação a que se referem.

REFERÊNCIAS

ASSOCIAÇÃO BRASILEIRA DE NORMAS TÉCNICAS. **NBR 6023:** Informação e documentação – referências – elaboração. Rio de Janeiro: 2018.

ASSOCIAÇÃO BRASILEIRA DE NORMAS TÉCNICAS. **NBR 6024:** Informação e documentação – numeração progressiva das seções de um documento escrito. Rio de Janeiro: 2012.

ASSOCIAÇÃO BRASILEIRA DE NORMAS TÉCNICAS. **NBR 6027:** Informação e documentação – sumário – elaboração. Rio de Janeiro: 2012.

ASSOCIAÇÃO BRASILEIRA DE NORMAS TÉCNICAS. **NBR 6028:** Informação e documentação – resumo – elaboração. Rio de Janeiro: 2003.

ASSOCIAÇÃO BRASILEIRA DE NORMAS TÉCNICAS. **NBR 6034:** Informação e documentação – índice – elaboração. Rio de Janeiro: 2004.

ASSOCIAÇÃO BRASILEIRA DE NORMAS TÉCNICAS. **NBR 10520:** Informação e documentação – Citações em documentos – Apresentação. Rio de Janeiro: 2002.

ASSOCIAÇÃO BRASILEIRA DE NORMAS TÉCNICAS. **NBR 12225:** Informação e documentação – lombada – elaboração. Rio de Janeiro: 2004.

ASSOCIAÇÃO BRASILEIRA DE NORMAS TÉCNICAS. **NBR 14724:** Informação e documentação – Trabalhos acadêmicos – Apresentação. Rio de Janeiro: 2011.

ECO, Umberto. **Como se faz uma tese**. 23. ed. São Paulo: Perspectiva, 2010.

FURASTÉ, Pedro Augusto. **Normas técnicas para o trabalho científico:** com explicações das normas da ABNT. 15. ed. Porto Alegre: [s.n.], 2011.

INSTITUTO FEDERAL DO ESPÍRITO SANTO. **Princípios da metodologia e normas para apresentação de trabalhos acadêmicos e científicos.** 4. ed. rev. ampl. Vitória: Ifes, 2009.

www.ingramcontent.com/pod-product-compliance
Lightning Source LLC
LaVergne TN
LVHW041234200726
843507LV00013B/2692